L'Hexagone bénéficie du soutien de la Société de développement des entreprises culturelles du Québec (SODEC) pour son programme d'édition.

Gouvernement du Québec – Programme de crédit d'impôt pour l'édition de livres – Gestion SODEC.

Nous reconnaissons l'aide financière du gouvernement du Canada par l'entremise du Programme d'aide au développement de l'industrie de l'édition (PADIÉ) pour nos activités d'édition.

Nous remercions le Conseil des Arts du Canada de l'aide accordée à notre programme de publication.

effleurés de lumière

De la même auteure

Les mardis de la paternité ou le regard appris, récit, Montréal, Triptyque, 1983.

De ce nom de l'amour: le détournement de l'initiale, récit, Montréal, Triptyque, 1985.

L'empreinte, récit, Montréal, VLB éditeur, 1988.

Objets: cris, poésie, Montréal, VLB éditeur, 1989.

Projet d'un amour, entre autres choses, occidental, poésie, Roubaix (France), Éditions Brandes, 1990.

Personne d'autre que l'amour, poésie, Montréal, Éditions du Noroît, 1993.

Dire l'autre, essai, Montréal, Fides, 1998.

Langue éternelle, poésie, Montréal, Éditions du Noroît, 1998.

Ne me dis plus jamais qui je suis, poésie, Laval, Trois, 2000.

Poèmes perdus en Hongrie, poésie, Montréal, VLB éditeur, 2002.

Il n'y a rien d'intact dans ma chair, poésie, Montréal, l'Hexagone, 2004.

Le chant unifié, récit, Montréal, Leméac, 2005.

Je reconnais la patience de l'arbre, poésie, Saint-Benoît-du-Sault, Tarabuste, 2008.

DANIELLE FOURNIER

effleurés de lumière

l'HEXAGONE
Une compagnie de Quebecor Media

Éditions de l'Hexagone
Groupe Ville-Marie Littérature inc.
Une compagnie de Quebecor Media
1010, rue de La Gauchetière Est
Montréal, Québec H2L 2N5
Tél.: 514 523-1182
Téléc.: 514 282-7530
Courriel: vml@sogides.com

Maquette de la couverture: Anne-Maude Théberge
Photo de la couverture: Martine Audet

Catalogage avant publication de Bibliothèque et Archives nationales du Québec et Bibliothèque et Archives Canada
Fournier, Danielle, 1955-
Effleurés de lumière
(Écritures)
Poèmes.
ISBN 978-2-89006-831-5
I. Titre. II. Collection: Écritures (Hexagone (Firme)).
PS8561.O835E34 2009 C841'.54 C2009-942066-X
PS9561.O835E34 2009

DISTRIBUTEURS EXCLUSIFS:

• Pour le Québec, le Canada et les États-Unis:
LES MESSAGERIES ADP*
2315, rue de la Province
Longueuil, Québec J4G 1G4
Tél.: 450 640-1237
Téléc.: 450 674-6237
* Filiale du Groupe Sogides inc.,
filiale du Groupe Livre Quebecor Media inc.

• Pour la Belgique et la France:
Librairie du Québec / DNM
30, rue Gay-Lussac, 75005 Paris
Tél.: 01 43 54 49 02
Téléc.: 01 43 54 39 15
Courriel: direction@librairieduquebec.fr
Site Internet: www.librairieduquebec.fr

• Pour la Suisse:
TRANSAT SA
C.P. 3625, 1211 Genève 3
Tél.: 022 342 77 40
Téléc.: 022 343 46 46
Courriel: transat@transatdiffusion.ch
Dépôt légal: 4e trimestre 2009
Bibliothèque et Archives nationales du Québec, 2009
Bibliothèque et Archives Canada

ISBN 978-2-89006-831-5

il ne peut y avoir un seul corps
Jean-Luc NANCY

somme toute, je vais commencer par la fin ; ce n'est ni facile, ni cohérent ; une femme qui ne le sait pas, un homme qui n'y pense pas ; déborde le fleuve

ne mourrai pas pour que vous m'aimiez

les échos ; je vous laisse vous approcher, partir ; retiens du vertige une sorte d'étourdissement – vivre ne me calme plus, vous l'avez toujours su : mes mains labourent, mes yeux peignent ; mes seins : je n'en parle pas – vous vous en souviendrcz

et, voudrez vous en rappeler

comme l'éblouissement, la rumeur des lettres à la manière de *Personne*, jamais venue ; une écriture en creux ; une nuit pleine de saisons tombées

en même temps

sur le béton armé

ils posent leurs mains sur leurs hanches pour regarder par-dessus les montagnes, là où la ligne d'horizon se confond aux grands soleils ; ils sont dans la chambre où le sang rend à la féminité ses odeurs de neige

au carrefour, je tourne à droite, à droite et à droite, le même carrefour, à gauche, à gauche, à gauche, le même carrefour ; mon corps, je l'ai emprunté à quelqu'un

dans la rue

ne le reconnais pas

fuis les regards tranchés

l'écho

le monde bascule

les phrases ponctuées de visions dans le désordre se transforment : je lis le *Livre des heures*

– l'odeur de l'automne au printemps ; les lettres parlent l'été, l'hiver, cet intenable

amputé

me confie au jour, la nuit reprend, je reconnais l'immatériel

le désastre dans les yeux de l'enfant égaré et son regard qui m'a précipitée dans le vide

ils ne savent pas ce qu'ils s'efforcent de trouver. restent séparés à mi-chemin entre la vallée et les nuages, rejoints par le roulement du vent autour d'une lettre, d'une seule lettre. les vagues

impossible n'a aucune traduction

restes en moi qui n'ont pas de nom

les contiennent tous

mêlés aux brouillards, ni hier, ni demain

aujourd'hui

des mots s'écrivent au pluriel

à peu de chose près, l'histoire allait se faire avant de se défaire pendant que nous, déroutés, restions impassibles, sans souvenir ; pourriez-vous mieux formuler que moi ? sauriez-vous énoncer ce qui s'accomplit entre les bassins et les vents tièdes de mai en novembre ? aussi loin soyez-vous, en moi

l'insondable de la fatalité

à la brunante

le vent, lentement, derrière les paupières

le vent, les cimes courbées, je tends l'entrecuisse avant de me demander comment ne pas me soumettre au mouvement des arbres

dans le gel, les oliviers en feu

le nom propre que vous m'attribuez

ni adverbe ni conjonction

spirales autour de la bouche, le bleui de la chair, près des yeux, rien; rien, le désert et dedans

le désastre

ils sont venus entendre cette langue et le chant de cette langue à laquelle ils prétendent comme s'ils se rendaient au centre de la terre. ils vont sans identité, vers eux-mêmes, inévités comme si le mot, *toujours* ce mot, depuis, brutalement rendu ; je n'éprouve ni aisance, ni agilité ; distraite, dans des villes

parallèles, perpendiculaires aux mers intérieures ; terres en archipel

mien, cet éloignement

aux bras d'un étranger, elle, impudique, se donne et donne à son sexe où

cohabitent vertiges et

l'âme et le corps, le mouvement et l'intervalle

une mémoire se construit donnée en héritage, *comme* une mère lèche son enfant nouveau-né pour s'assurer qu'il est bien salé, pour s'assurer qu'il vive ; *comme* une femme caresse un homme, se laisse prendre par lui ; *comme* une gamine mange sa glace, par à-coups, lentement, afin que le plaisir se continue et qu'avec lui, le temps ne passe pas, *comme* l'adolescente découvrant le plaisir nous ne parlons pas la même langue

nous avons perdu de vue qui nous étions, ce que nous aurions pu être

je vous suis

vous ne me reconnaissez pas

devant moi, hostile

je ne guette rien, nous habitons des univers dynamités; nous nous ressemblons, *à un détail près*, les rues fuient en

parfois, vous ne savez plus où vous êtes, je me coiffe de boue

sans doute, nous aimons-nous, malgré la haine, ce passage obligé avec *Personne*

vint Soie ; je ne trouve d'autre nom que Soie exaspérée par les mots des hommes, j'implore maintenant ceux des oiseaux – Soie s'entretient avec eux, dénoue les corps qui la hantent

le désir et sa dérive évoquent des hêtres au bord de la source : cela allait, un jour, me mener à cet anéantissement ; détachée, Soie traduit les métamorphoses des amants échoués sur les rives du fleuve ; anéantie, du matin au soir et du soir au matin, devant l'*Éternel*, je ne survis ni ne franchis le mur opaque, le dehors et le dedans

enflammée

nous sommes l'avenir du monde. le passé rattrapé par le présent. ils rencontrent la beauté

quand ce mot *beauté* coule jusqu'à ma poitrine, ne suis plus que seins, sexe je parcours le creux des chairs; flâne et divague dans une ville invisible; vais jusqu'au bout; devine l'odeur poussiéreuse des friperies; le parfum des fleurs, celui des charcuteries, des fruits et légumes posés sur des étals, à même le trottoir; le bruit des noix, du riz, des fèves qui se choquent quand on se sert de la grosse cuiller en métal; le sifflement des sirènes, des klaxons; des voix et des accents, je sursaute, frémis, quand survient, d'on ne sait où, une bicyclette

un jeune homme me sourit en courant au rythme d'une musique que lui seul entend; je marche jusqu'à en avoir mal aux os, les miens et ceux de

Soie, ce nom

une ville sans mot

il me faudrait retourner marcher, me croire emportée par la mobilité des jambes et celle du bassin, des bras et du dos ; tracer des empreintes, secrets inavouables ; courir et rattraper les dernières feuilles d'un automne avec des mots d'été ; vous regardez le monde

devant votre porte, je dépose des lettres, des cailloux cueillis plutôt que ramassés au bord de la mer – vous écrivez sur le sable, les coquillages nous servent de repères à la mer ; nous en goûtons le sel, passons la langue dans leurs anfractuosités avec douceur, afin de ne pas les abîmer ensommeillée, Soie s'arrête, décore de pierres son cou et sa bouche ; dit *une à une, les lettres s'estompent au bord des lèvres du fleuve* ; je n'explique ni comment cette phrase lui est venue ni pourquoi elle me la répète

cela me réconforte et couvre mes épaules

les mots éraflent le cœur dit-elle, *je n'ai plus d'images*

comme l'est une toile, intacte, je prends un livre, l'ouvre

n'importe quelle page

jusqu'au sifflement du train

ils ne cessent de sentir, ni de retenir le temps. maintiennent leur respiration devant les grandes herbes, laissent s'échapper, devant eux, ce qui leur revient. ils vont à l'âme, d'autres à la musique, s'enfuient pour se perdre, débarquent sur des rives qui calment l'infini

Soie longe une écriture illuminée, se perd sur les troncs et les racines

des mots veilleuses recueillent des mots troqués

j'invoque cette écriture sur les murs volés

Soie parle tous les pronoms réfléchis d'un présent décliné au conditionnel indéfini

parle *Personne comme une,* dans la rupture du fragment, d'un univers à nommer

Personne, le temps, l'espace en contrepoint

je demande asile au ciel décoloré

sur le fil, une tourterelle triste

il est 23 heures vous voyez, je ne me suis pas effondrée

j'aurais aimé écrire Soie, m'aventurer sur les sables mouvants, en appeler aux souvenirs, à la fragilité du cœur, à celle qui a aimé de sa chair

nous connaissons cette errance, rédigée à l'endroit ou à l'envers

tatouages blancs et noirs

un regard bleu-vert sur le monde

il y a ce qui ne provient pas de nous, ni de nos ancêtres, mais d'un lieu plus ancien, entre les dalles, là où l'on écrit sur l'eau

ils regardent les yeux fermés. leur souffrance disparue. en intimité avec les pierres, ils franchissent ces apparences, acceptent de se perdre plus avant pour plonger au cœur des images qu'ils recouvrent de feuilles. ils cherchent la lumière sur les murs, et les lettres jamais postées.

le sens du monde

ceux de la mer, la nuit

ils étaient venus trouver la paix. ils ont rencontré la terre, ce lieu leur a offert de partager ce que chacun désire afin qu'à travers eux, le Verbe soit

comme si c'était la première fois

dans des pas qui ne sont pas les miens, une route qui ne me ressemble pas et dont je n'ai pas idée ; je ne lutte plus ni ne me défends ; n'évite ni la poussière ni l'eau dans les chaussures, la jupe souillée ; je tiens sur mon dos, dans mon dos, les lettres écarlates, des herbes détrempées

n'ai aucune prétention

du cœur vibrant dans ma poitrine

ne départage la fatigue de la mélancolie, devine l'impénétrabilité du monde, respire une langue près d'une autre langue plus juste qui accueillerait

ce lointain étranger

la douceur de la peau

on aurait pu s'y perdre, je ne rêve pas : je regarde

ne sais si j'inspire ou si c'est l'air qui entre dans mes poumons

je peins le bruit de la pluie et bois du vent dit Soie

son pas et son allure et sa silhouette, comment la peindre autrement que de mémoire ? l'épaule blessée, les hanches fragiles : *encore*

émue

reviennent les passions ; les océans rejoignent les fleuves ; j'écoute les épinettes, les bouleaux, les mélèzes ; des troncs, des branches, et, autour, des sentiers, vos murmures, l'âme dans ma bouche

vous êtes venu

m'efforce de rejoindre la vie pour déposer des fleurs ; là-haut, je m'abandonne à ces villes irrégulières qui brillent et exigent une clairvoyance que je n'ai pas

mille étoiles

pour la connaître de trop près, ils refusent d'être habités par la mort, ils ont fait le tour de ce qu'elle prend. connaissent son envie de chair et la douceur âpre de ses liquides. ils entrent dans une langue singulière et n'ont pas honte d'en dépendre. on se tromperait si on disait d'eux qu'ils sont carnassiers

les rues sales, vides, faux-fuyants en trompe-l'œil, le goût du sel sur les poignets ; je m'écroule sur le Chemin des Passeroses : ne suis pas seule, la nuit, le frôlement d'une chauve-souris – ne suis pas seule dans cette nuit, n'en suis pas sortie pour entrer dans une autre

puisse un arbre au regard d'oiseau veiller sur ma vie

je vous observe, entrevois quels sillages votre corps perturbé empruntera, dans quelle étrangeté du monde votre âme s'accrochera avant de feindre de savoir lire, de savoir marcher, courir, patiner, parler ; pour écrire des poèmes inventés

il y a ce qui ne peut être dit, la salive, la morve, les larmes, les rognures d'ongles, le sang coagulé autour du nez, les gales

l'irrévocable

c'est décembre et il pleut *comme* si nous étions

malgré l'escarpé de la couleur

c'est le mois d'août et le givre s'accroche aux cils; c'est le mois d'août parfois et je pose cette image devant moi : quelqu'un l'aurait-il laissée là ?

sur cette *même* photo, une femme, la peau fine, fatiguée de l'enfance en elle, aurait pu naître de partout, se croiser sur la rue ou dans les montagnes, sur le bord du fleuve ou dans les marais salants; une femme inconnue à elle-même, à se tenir ainsi exténuée, en l'absence de mot, debout devant

des couloirs de vent, ceux de la poudrerie; m'accroche à cette main, celle du rêve, du rêve et de la photo

pendant que les jours s'assemblent autour de l'érable, les prairies endossent des robes; entraînée par les courants d'airs, je touche aux engelures de l'avenue du Parc, le mot *crevasse* passe par la ruelle

je marche sur les genoux, *la belle affaire*

une âme m'envoûte, allonge ce qui me rassemble, caresse mes chevilles, chacun des orteils avant d'effleurer les mollets, de lécher les cuisses et plus haut, ce lieu humide où le monde

Soie s'introduit avec félicité dans ma chair

bruits anonymes

malgré l'orage, ils regagnent des hauteurs escarpées ; les écritures miraculées prennent forme. il n'y a ni ouest, ni est, ni sud, ni nord, que ces coulures d'encre contre le ciel. ils marchent, portés par des enfers insoupçonnés. descendent, des voix, infamilières, se répandent

je me livre à l'idée de la *beauté*, les lettres continuent, tamisées, je cède à l'amabilité, puis

je n'abandonne pas

il y a trop de

vous êtes si loin de vous que cet écart vous est devenu indispensable, vous taisez le poids de ce qui est lourd, assourdissant; vous n'êtes pas là, ni ici, ni ailleurs; le monde que vous habitez ne ressemble à rien mise à part la violence car vous êtes violent et savez frapper – je ne parlerai pas de cette colère en vous, ni des mutilations

vous vous vautrez dans le vacarme des villes pendant qu'il m'est impensable de croire au jour qui se lèvera

hier ou demain, prise de vertiges, *je ne vous embrasserai pas*

Soie endormie, ne cesse de renouer avec son rêve, descend au jardin, dans la lumière du petit matin, pousse jusqu'à la fontaine l'illisible *comme* écran du songe où s'écrivent ses nuits déportées, touche à son ventre, reconnaît la blessure, hurle *non* à cette heure revenue

n'appréhende rien du saisissement de l'heure qui me rattrape; ni ne m'effraie de cette promenade autour

à l'arbre appuyée

reprends l'écriture de cette histoire en la présence des montagnes, de l'eau, de l'eau pour arriver à sortir des Ténèbres et de la poussière, de l'eau, de l'eau: n'évite aucune route, aussi sombre ou graffignée par les enfants de la nuit, les vêtements en loques; de l'eau, de l'eau pour accueillir les paroles secrètes, serrées au fond de la chair, les paumes entaillées par les ongles

cachés dans la forêt, le jour dans leurs yeux, autour d'eux, leur langue a gardé le goût de la brûlure. ils se sont refusés aux revenants

j'avance sur des sables trempés

dehors, la poudrerie, dedans, la tempête

comme si je n'étais pas encore née

tromper la nuit, cette nuit remontée *comme* l'est une jupe au plus vif du plaisir, cette douceur en moi aspirée par ce qui ne tremble plus

nuits basculées

intervalles épandus de clarté, débris de sommeil d'or sur les dents, sur le bout des seins

cela est écrit

août, et juin et février en même temps

cette vie étrangère au lieu de la mienne

le mystère de la douleur, celui de l'invention de l'âme

hier, ce pourrait aussi être aujourd'hui ou demain; vous ai, par hasard, découvert sur mon chemin, nos regards ne se sont pas croisés, chacun à leur manière embués, aveugles pourtant *voyants*; cette rencontre a eu lieu hors de l'écoulement des jours, *comme* un intervalle, ailleurs ou autrement puisé dans des corps distincts des âmes; ce qui a eu lieu, nous ne savons en parler, ni de cette tension qui nous habite, ni de cette vision

ne le pouvons

nous cousons des lettres égarées

ils n'imaginent nulle part quelque part, venus à plusieurs atteindre cet inaccessible. sans soulagement, ils parviennent à la crête des montagnes pour se fuir : ils filtrent les reliquats des images du passé et de l'avenir. dépossédés, ils posent des gestes presque maternels et regardent, oui, sans doute regardent-ils

un coquillage de cendres

légère Soie s'abandonne, détend les épaules, flaire, renifle son corps, à lui, ouvre les jambes, se laisse faire

touche aux trous, aux plis et replis, aux cheveux, s'entoure de sa moiteur, parcourt ce monde nouveau – répond à l'écho, ressent l'âge et le poids et la musique des os

interdite un jour de la semaine

d'un bruit sec, la porte se ferme, s'ouvre, claque

issus de la terre, ils en reviennent, timides. il y a la brûlure et la vie, absente. dans leur bouche, pousse un arbre au tronc immense, et puis des branches, et encore des feuilles

marquer la suite, le doute venu avec cet intraduisible éclatement ; sais-je seulement ce que je suis ?

ils effleurent leur peau. les os, le cartilage. atteignent le cœur. ils croient à ce qui vient d'incompréhensible avant le langage. recouverts de la douceur du souffle de l'ange

parmi les bois, le carnage

la demeure du vent

votre *sexe*, le sien et la chair, *comme pour la première fois*, *comme si pour la première fois* je disais *prends-moi* ; quand un signe d'air révèle mon nom pour célébrer le chant de la source

je n'y échapperai pas

ne me reste que ma vie

le temps ne passe pas en dépit des heures et des hivers, nous sommes octobre, dans le déclin du jour, à l'heure normale de l'Est ; les rideaux tirés sur des chambres inhabitées, certes, on dit *la chambre des invités* ou *le bureau* avant de dire *là ;* tout continue – se sont ajoutés de nouvelles activités joyeuses et distrayantes, des gens, des couchers de soleil, des potagers, des promenades dans la ville, un chien, un chat, peut-être un amour, *va savoir,* et ces longs repas en famille

la vie continue

ils s'avancent à pas de loup dans la lumière mauve. leurs pieds frôlent à peine la terre. alors, le baiser. la langue lèche le cou, les dents mordent délicatement, la tête s'incline, les yeux se ferment. ils se touchent sans pudeur, se découvrent. se laissent impatiemment prendre

vulnérable aux variations du temps, la nuit, dans aucun jour, mes rêves ne tiennent d'aucun sommeil et chaque jour, la profondeur du verglas quand, derrière les paupières, revient Dieu, insaisissable dans sa Trinité

ne sais que me souvenir et me souvenir

quelque fois, il suffit d'un moment bref, très court, d'un instant, couleur chair

ou l'été, l'hiver en juillet par exemple, bonheurs archaïques, le détachement des heures ; je ne rejoins *Personne*, suspendue ; célèbre le violet du ciel et l'odeur de la terre mouillée, ce qui permettra d'aller plus avant, ne tolère rien, ne veux pas partir, ni rester ; vivre, si cela est possible nous avons été à plusieurs avant d'être seuls

combien de fois avons-nous dit *nous* sans être assuré de l'autre, ni de soi-même ? appuyés l'un contre l'autre, *déconfortés* d'une histoire qui, de nous, s'ensauve ; nous y avons cru, vous, dans votre épouvante, moi, dans mon *intranquillité*, tous les deux, en exil, déracinés, migrants dans une langue sans troncs ni écorces ; vous êtes entré en novembre avec l'exigence d'être au monde ; effrayée d'une telle inquisition, incapable de participer de cette malveillance et devant ce ciel profond que je n'osais voir, devant cet infini qui peut être trompeur, je me relève

je lève désormais la tête et redresse les épaules, libre

ils avancent en eux-mêmes, affrontent des peurs qui ne leur appartiennent pas et auxquelles ils se mesurent. ils s'en accommodent, manteau de jute posé sur leur chair. ils n'ont pas de peau, sauf celle d'après le drame

être

malgré l'immense fatigue de la terre, *j'aurais aimé écrire Soie* dans le velours, malgré les guerres, pendant que les jeunes filles vont dans un bonheur insoutenable

pareillement liées à la vie

n'y renonce pas

échappe aux morts lentes

au bout de quel vide devrais-je aller, pour tenter de retrouver ce qui n'a pas été perdu, qui ne s'est passé ?

dans le désarroi des rues, à moitié nue, elle disparaît, avec les tempêtes et les ouragans ; je continue de me demander de quel côté de la vie elle est, brûlée par le vent de janvier, le bleu du ciel dans les yeux, aveuglée par le froid, elle titube, défaille ; Soie s'appuie au thuya, moi au fleuve

au désert

ils vont plus loin et plus loin. renaissent. ne comptent plus les pas. la couleur de leurs pas sur le bord des trottoirs

elle desserre les lèvres, entraînée vers cet inexpiable, dont elle n'a pas parlé ; tout lui revient, la finesse du sexe, son odeur marine, celle de la chair de ceux qui ne l'ont touchée, l'odeur des cierges, se souvient aussi du crépitement du bois et de la chaleur

la maison des enfances où se déclinent les rumeurs

sur la terre arable poussent des mélèzes et des bouleaux, des vinaigriers et des raisins sauvages, des cèdres et, parfois, un érable; Soie espère vieillir auprès d'eux, au bord de leurs racines

la voix des feuilles; l'écriture glisse des arbres et résiste à la nuit, elle tranche l'air dans la lumière; Soie dit *tu vois, l'urgence tient à l'impossible puisqu'il n'y a rien, rien du sang, de la peau*

à travers eux-mêmes, ils suivent un parcours sinueux. n'espèrent pas. frôlent les passants, les heurtent, comme si cela allait de soi de toucher ces épaules anonymes. en eux. du loin, ne s'épargnent aucun détour. avalés. ne savent qui vient en eux, ni vers qui ils vont. ils posent leurs pieds dans un chemin déjà tracé. rejoignent un monde qu'ils n'avaient imaginé. ont froid et fuient des zones éventrées pour inventer des lettres énigmatiques

ne peux que du bout des doigts dans Paris ou Montréal, Budapest, Berlin ou New York

ils se continuent et persistent, les jours s'alignent devant eux et s'emboîtent dans une vie tenue par les dents. ils ne croisent pas les mains, pas encore

quand Soie murmure *l'impermanence de la vie*

il y eut en nous cette histoire, à la fois celle de votre départ et celle de ma mort

celle de cette descente aux Enfers

où j'arpente le territoire de la rupture, l'œil se blesse à la lumière, le souvenir n'est qu'un exercice de mémoire, une main courante; une femme et un homme; non, une femme et un enfant, non plus; une femme qui est un homme, une femme sans identité et un homme enfant; ou un enfant homme, une femme dépossédée; un monde sans légèreté

nos veines fuyantes

le mot *amour* sur l'eau balayé

aujourd'hui, avant que le soleil ne sorte de derrière les nuages, avant qu'il n'entre en bordure des forêts, c'était l'été de mars

Soie peint des paysages sur son visage, jardins de mer primitive ; il y a son allure, les marques abstraites sur ses seins ; elle s'étend dans la neige, un chien lui lèche le visage, ne se défend pas, frémit

emportée par la vague humaine, une route en lacets, je marche, troublée, en retrait ; Soie ignore où se réfugier ; j'affronte la peur, sa peur, sans savoir ni de qui ni pourquoi me vient cette peur ; dans le jour, le lui offrir

à *elle*

je m'arrache d'une ville

tétanisée

sont venus avec l'aurore, le goût de l'aube et la crainte que ne tombe à nouveau la nuit, afin de la repousser vers les montagnes et les vallées, et ce seul fleuve

Soie est la langue dans vos bras

par la force des choses et celle de l'âge, j'écris ce seul chemin qui mène à un amour dont je ne suis pas instruite et qui s'avance vers moi, lettres végétales posées entre le derme et l'épiderme,

l'être *comme* le sexe

la mélopée de la mer, le rire naïf de Soie

ils marchent un estuaire incendié et tendent l'oreille ; meublent l'espace, bougent, s'activent. ouvrent la fenêtre, la ferment, l'ouvrent, la referment. ils sont là

je défriche une correspondance fanée ; Soie dit *amoureuse de l'amour*, et lentes, ces lettres dérobées *quand demeure* le devoir d'en imaginer de plus tendres, de plus enveloppantes

délivrée

Soie translucide, moulue ; ne prévoit pas ce qui se posera sur la page, ni ne conçoit qu'autour

son histoire

méconnaissable

ils accueillent l'abîme, médusés, s'enroulent autour des flammes. ne soupçonnent pas le poids de leur chute dans leurs entrailles. ont-ils vraiment besoin de regagner le froid pour émerger de cette langueur? croient-ils au bonheur

des couleurs dans le vol des oies blanches à l'automne, à l'envers joyeux de ce qui habite le ciel pendant que des oiseaux de proie dessinent des lettres, et planent avec avidité

Soie reprend péniblement cette route et anticipe ces lettres disparues, s'enlise dans une nuit à laquelle elle ne s'abandonne pas

doute, n'en continue pas moins

dehors, *la corde à virer le vent*; la route sinueuse vers le Chemin des Épinettes: je m'avance vers les bassins; *comme toujours*, j'aurais souhaité que *cela* se passe différemment, l'air, le ramage des oiseaux, l'heure des repas et le sommeil; à la cathédrale, devant le retable, les yeux baissés, je n'essuie pas votre front

mais vos yeux

vous ne tremblez pas, vous vous maintenez droit, vous ne voyez rien du déplacement digne des nuages sur le fleuve, peut-être est-ce un leurre ravissant, peut-être pas, celui de vous laisser passer au travers du paysage ; ne souhaitez vous souvenir de *rien*, cependant ce *rien* inaugure vos gestes, debout, des livres dans les bras : l'ineffaçable

promeneur farouche et fiévreux, vous imaginez une naissance de brumes denses ; à cette évocation vous me demandez d'être au lieu même de cette absence

je n'efface rien de *ce rien*

comme la fièvre de vouloir toucher au pointillé de la chair, la peau adoucie par les bains de boue et les vagues de la mer ; Soie poursuit son chemin, craint le monde

le mot *écriture* constitue un rempart contre la folie, et sa terreur ; sans doute ai-je été écorchée par des mots de glace, des mots iceberg quand la violence sourd depuis des gouffres immémoriaux ; abattus dans une bataille navale, ceux-ci crient vengeance, mordent

le fleuve, la vallée assombrie ; mon corps, qu'ils le couvrent, qu'ils fassent de lui leur *grand Œuvre*

ils contemplent ce qu'ils ne devinent pas. rien ne dit qu'ils déchiffreront quelque chose sinon un apaisement sans nom. ils vont là où ils vont, avec des mots de montagne, des mots hauteurs, pistes, sentiers, des mots edelweiss, des mots de nuit et d'Atlantique

je reste avec moi-même, me répète Soie

il le faut, autant pour vous que pour moi, vous, pour que vous puissiez vous saisir de votre différence afin de défaire le tissé serré d'une violence qui n'est pas vôtre parce que, voyez-vous

j'aimerais vivre, juste vivre

à ce qui s'est passé, s'opposent des mots et d'autres, remisés dans des tiroirs, des placards, surgissent, imprévus, n'importe quand, devant n'importe qui ; vous êtes là, coulant dans cette énergie tranquille, en état d'apesanteur, décalé, les feuilles précocement tombées ; je crois que vous ne cherchez ni ne devinez ce qui s'approche de vous puisque vous êtes dans la pensée d'un réel qui n'est pas humide de baisers, le sexe ouvert et livré à la caresse des doigts et de la langue, des lettres jusqu'où s'étale *cette* langue inconnue, je longe une vie labyrinthe aux odeurs bafouées ; la fuite devant ; quel besoin aujourd'hui de ressusciter ces images de maisons sans portes ni fenêtres ? qui se souvient du jour ou de l'heure de la catastrophe ? de la perte de ce qui avait déjà été condamné avant même

je renoue avec l'écume des vagues, avec les montagnes-fées

la danse du vent

ils étaient venus pour autre chose, pour sentir l'air, pour explorer le tumultueux de leur chair. ils étaient là, aussi présents qu'on peut l'être, pénétrés de songes qu'ils touchaient doucement afin de ne pas les effrayer

sage femme, Soie, ne quitte *Personne*, court et s'enfuit quand

des morceaux de son histoire

je touche à la neige

qui s'acharne en moi

grâce au regard des arbres, je tente de reconstruire mon histoire, *cette histoire* dans la légèreté d'un octobre trop doux, trop chaud, avant les giboulées d'avril ; je vais au bout des champs, des prairies de soya et d'avoine, au bout des prés roussis, loin des forêts d'érables à sucre, me rends au fleuve

fend le vent

ils causent pour se tenir à distance. pour que la vie devienne tolérable et l'existence, supportable. pour rendre compte du temps. ils écorchent des prairies brûlées. se souviennent-ils de ce sentier qui remonte de la source vers la plaine ? une nuit concédée

chantent des enfants et ce chant remplit l'univers d'un langage inédit

je marche vers sa *beauté*, confiante

le jardin, les bassins, la colline, la véranda, la chaleur, les murs recouverts de lettres le dégel de janvier

alors *Florence*

nue, *elle*

me vient d'ailleurs, du plus loin, d'avant la langue, d'avant cette traversée vers nulle rive, vers l'irréparable

Soie touche au ciel; il y a le sable, le cyclamen et le jasmin en fleurs, un cyprès aux feuilles alternées, une lumière indirecte en elle

ils sont ainsi, prévoient ce qui peut se passer, voire apparaître, peignent – ils ne distinguent plus ce qui est ou aurait pu être des voyelles et des consonnes. impitoyables. ils se mesurent aux battements du cœur et aux frémissements du désir

Florence, rieuse, devant la mer, éveillée, portée par les vagues de l'Atlantique, jamais la même devant les yeux et translucide

vive

Soie écrit pour vivre, pour surprendre celle qui se bat ici *comme* ailleurs ; elle écrit terre, fleurs, arbustes, vivaces, poussières d'or et, fontaines, rapides, geysers, argile ; Soie rêve de cette écriture-là, pleine *comme* l'est le ventre d'une femme quand

une écriture vertigineuse, lunaire, une langue lacérée, conquise au bord du fleuve, ou de la mer ; Soie lit dans le thé des histoires nouvelles qu'elle caresse

debout, sans comprendre comment, des livres dans les bras, sur les murs, par terre, des livres

Soie attend que le visible se montre à elle, qu'il se présentera simple, humble ; enflammée, elle se déplace entre des lettres marquées de rouge, ne s'arrête pas, tourne sur elle-même, cherche ce qu'elle ne peut plus voir

ce mot *bonheur*

au plus près des vignes sauvages, des pommiers, je revêts ces automnes d'outardes, fatiguée d'un si violent vent, que j'assiste, silencieuse, au tremblement de la terre, au déracinement de la parole, apaisée

ils ont consulté les oracles pour aller à la découverte d'eux-mêmes; contemplatifs, ils ne se gênent plus pour commenter cette interminable expérience des nuits noires, des jours vaudous en temps de paix, en temps de guerre. ensemble, ils vont vers des horizons en feu, s'assoient sur la grève, sous les aulnes dont les racines tiennent de la vie du fleuve. du grand fleuve

partout errante dit Soie

naïve, scarifiée devant la *Porte du non-retour*

risque

ils s'entassent les uns sur les autres – je m'efforce, autiste, de me détourner vers des rives innommables qu'il me faut ici, j'arrête la fuite, nous le savions et l'avons su dès le début, avant l'Assomption ; il n'y aura pas de noces en juin, ni jamais, mais des fleurs, à l'infini

l'allégement des pierres portées à la bouche

nous sommes cette voix

langue singulière

sans intérêt, innocente

et maintenant, nous sommes, maintenant

je

– celles trop tôt disparues survivent, nourries de conversations

longtemps après, il m'aura été possible de me rappeler cette coïncidence

sa forme, ses marques, la couleur du visage, celle des seins, la *beauté* donnée, pour *rien*

j'aperçois la vie dit Soie

devant eux, un homme se penche vers la terre, la laboure de ses mains, se relève – il faudrait pouvoir le décrire. il se penche avant de faire quelques pas, retourne le sol, regarde au loin, peut-être l'épierre-t-il; ils ne sauraient jurer de ce qu'ils voient; l'homme s'arrête, franchit une clôture avant de réapparaître, mains ouvertes. il parlera. son sexe dressé

chacun, seul, ce qui en moi hurle; ébranlée, je pars dans tous les sens, reviens jusqu'à ce que, chétive, je marche, *comme pour* la *première fois*, une lumière glisse sur les reins de Soie

nom de brindilles et de rivières

d'eau en feu

ils se battent pour la vie, contre cette maladie et ils en taisent le nom de crainte de réveiller les vestiges de l'infernal trajet de

Soie s'avance, freinée par les herbes hautes ; avec cette hésitation, elle dessine des heures tranquilles qui se superposent les unes aux autres, irrégulières

certains l'appellent *Florence*, curieux prénom pour une femme, ce nom d'une ville pour une femme étrange qui habite l'Amérique du Nord ; *Florence* ; Soie, étourdie, ses sanglots, ses plaintes qui s'adressent à *Personne*

allonge le pas, souple

Soie et *Florence* des mots bleus, oui, bleu Annonciation

se cristallisent sur la page, je reste alors que le temps s'étire dans le secret – le vôtre *sur les doigts, ils déposent des nuits plus longues que le jour. ils bousculent la lumière au fond de l'œil, pour lire le monde. les rides du fleuve les guident à ceux qui l'appellent Florence. Florence et son prénom. Soie debout et Florence. ils écoutent; ils savent que ce n'est pas fini, que tout vient*

au présent

ni Soie ni *Florence* ne connaissent la haine ; impénitente, *elle* demande qu'on éveille *son* corps de l'obscur et qu'on *l'*offre à la Vérité du Verbe

le miracle de sa peau

ces expériences secrètes donnent à la vie une couleur, sa couleur particulière, et donc, une forme muette *j'aurais aimé écrire Soie, comme* elle me vient, accompagnée de *Personne,* de *Florence*; le chant des hirondelles et des oiseaux dont je ne connais pas le nom, ni les vocables constellés; mes os, les siens, fragments de verre après les grands orages de

reste l'énigme

j'ai croisé Soie dans un ancien monastère et *Florence* au fond du jardin et, *Personne*, ici *comme* là, femme brisée par l'été

l'une l'autre la même

entre nous, l'inavoué

un feu de glace sur le fleuve

et des histoires aussi anciennes que neuves, une à une, parlées par les brumes

l'avant-dire de la couleur, à l'extérieur

le mot *amour*

sur les feuilles et les fleurs, sur les branches vertes, des fleurs d'hibiscus et de mimosa, la terre humide collée aux doigts; j'ouvre le *Livre des odeurs*, celui de *La mer*, ses écumes, longues lames fracassant cette fin de jour

ils ne peuvent disparaître, ne le veulent pas, se meuvent avec lenteur et difficulté, au seul désir par-delà l'Atlantique. ils ne peuvent disparaître malgré le danger qu'ils courent. dans la chambre, le lit habité qu'ils reconnaissent pour leur, la coulée de ce qui vient

entre les cuisses, une main se glisse discrètement vers le rose de la chair, suis le mouvement lent des lèvres, langue mystérieuse, familière

m'efforce d'endiguer ce qui s'envole

autour de la bouche, des baisers confisqués sur les cils

il n'y eut plus de faim, ni de soif,
puis la soif dans la faim; et, une
écoute distraite

brouillards et noms sur les murs
d'une existence corrodée

sans lutte ni bagarre

des cendres puis, le vol trop bas des
oiseaux, le débordement du fleuve,
une assiette cassée, une porte mal
fermée, des bouts de ficelle

avant, bien avant

le jasmin et le poirier en fleurs ; sur la table, des pommes tranchées, une lueur feutrée s'emmêle aux paroles d'enfants

parce que les odeurs ne sont pas les siennes, *parce que* les histoires continuent de la hanter, Soie, farouche, n'entre dans aucun monde, *ni même le leur* ; répète son nom tout bas, pour l'empêcher de disparaître – ces histoires ont fini par lui apprendre à se donner, jusqu'à plus rien, jusqu'à ne plus savoir ce qui s'achève

avec la venue de Dieu

elle a ce corps qui donne envie de la prendre et de reprendre *encore* et *encore* quand *Personne* ne sait d'où elle revient ; quelqu'un dehors, à hurler : *Florence*

Soie, chez *elle* ; un fil d'or se déroule et s'évanouit quand ce dernier jaillit et tisse son ventre ; quand Soie, entre les pages d'un livre déchiré, s'efforce de le recoller

chaque lettre est une torture et une immense joie

j'aurais aimé écrire Soie, me laisser aller à cette langueur ; troublée, je la découvre, son geste ressemble aux étoiles, sa main levée, se repose

les yeux au bout de ses doigts

Soie et le goût de *Florence*, du vent mêlé à sa déchirure, celle des cuisses

il y a de ça si longtemps

comme parcelles greffées

ils s'introduisent, texte de la chair et de l'univers paralysé, passé ou avenir, présent dans cette ville étrangère qui est la leur

un arbre dans sa tête

vous restez là à extraire du monde
des poèmes, à les effacer

attentif

à les jouer à la roulette russe

le temps file et longtemps je vous ai
parlé avant de m'endormir

longtemps

j'ai écrit dans votre dos une langue
interdite et tracé avec douceur d'in-
nombrables chemins

désormais ailleurs

sérieuse, grave, Soie écrit sur la table, un chat, sur les genoux, des livres ouverts ; une feuille se pose sur son épaule

je n'évoque pas ce lieu

la terre accrochée, le jardin éviscéré ; pas de mensonge pour taire cette souffrance ; à la fenêtre, les arbres penchent

ils ne doivent pas s'arrêter. poursuivent cette catastrophe et renouent avec ce qui a été perdu – oui, perdu. ils ont la dignité des pauvres, celle de disparaître telle une vision. ils n'ont pas peur d'être ensevelis. ils ne savent plus ce qu'ils étaient venus chercher : face à eux-mêmes, la peau claire

avec elle, le mot entaillé dans les veines – *ô douleur*

Soie regarde dans les yeux, ordonne des signes

Personne

reconnaît ses invraisemblances entremêlées, ses improbabilités d'ocre et de rouge; elle fixe l'immensité et se retourne dans la rue

ressent la honte, l'affaissement du cœur, ne se mesure à rien, rêve que cela vient, cela ne vient pas; elle écrit *Florence*

son nom *propre*

il pleut depuis des jours; ne sais si le jour s'est levé tant le ciel se décharge de ses averses; l'idée du vert, des différentes nuances de vert, là, perceptibles; le jour s'indistingue de la nuit *comme* ce qui nommerait ombre, l'origine

et cette mélancolie, la mienne, peut-être transmise, au lieu de naissance et d'abandon

pourquoi n'y avais-je pas songé ?

l'histoire silencieuse de ce monde

Soie réfugiée

Florence

poursuivis. eux, cicatrices indéchiffrées. quoi d'autre ? ils ne connaissent ni la volonté, ni son absence, perdus qu'ils sont devant cette familiarité qu'ils ont de ce non-savoir quand celui-ci devient la présence même de l'étrangeté en soi

autour de votre bouche, les marques de votre corps au cœur d'une fiction qui n'en est plus une, qui devient écriture, ô combien fragile; *le jamais absent*; je cherche ce qui ne s'avance pas – *j'aurais aimé écrire Soie, Florence comme*

désappartenue

vous

je ne remets pas à plus tard le reste de ma vie

les rattrape pour les retenir au plus près, autour des enfants, autour du fleuve quand sur ses rives, l'aube naît ; c'est janvier ou mars ou juillet

jusqu'à plus loin, jusqu'au bout, au plus bas ; ne me ressaisis, ne le saurai pas ; reviens d'emblée, rafale du Nord ; tente de dompter les branches qui fouettent l'air d'un long mercredi tombé dimanche

ils marchent ; s'avancent, à tâtons. tentent de taire ce qui s'agite en eux submergés. plus que muets, étouffés. se taisent alors que de partout se tisse la toile énigmatique d'une métaphore autour de laquelle se grefferaient

sans *repentance*, j'aborde les régions de soufre où se conjure une forme de *bonté* ; manœuvre adroite des lettres boisées entre plis et replis, une vie s'étale

je ne connais pas la douceur des objets

mais l'abîme

ils s'entendent marcher comme s'ils revenaient sur leurs pas. marchaient dans d'autres pas. dans la forêt, leur dos, déchiré. ils murmurent des univers trahis : le jour ne se lève pas pendant que la beauté des feuilles en eux

Soie explore les bois parfaits, ne parle pas, va au bout d'elle-même, craint d'avoir *encore* plus mal ; appelle en elle *Florence*, appelle la joie, réservée

sentir ses os ?

ce mot, *fragile*

apprivoise le vide, entends des voix lointaines ; cherche la mienne

ne la trouve pas

sur la neige, des pas *ineffacés*, ; sur les seins, sur les jambes, à l'œil, sur le ventre, la cicatrice du sexe, sous les ongles ; des langues de feu, janvier

un regard d'oiseau

il pleut du vent sur le Mont-Royal

il serait plus facile de s'imaginer un
monde arrêté

de croire que se sont évanouis les
gémissements insensés

cela est si loin que nous pourrions
ne pas nous souvenir quand

l'intolérable du destin; se meuvent de vous à moi, de moi à vous, les violences, petites ou grandes, manifestations de votre haine qui, marquée par des histoires ajournées, vous rappellent que nous ne nous relèverons pas

je sortirai de cette histoire

vivante

pour trouver leur âme, ils regardent les étoiles

Soie tourbillonne, se voile, se dissimule, se dévoile, ne se délie pas

Florence aimerait toucher, se toucher ; *elle* écoute, minérale, met sa main sur son oreille *comme* pour mieux entendre la chair et le mot *chair* paraît dans une chorégraphie d'ailes

le jardin : il y a abondance ; dans ce brouillard, des livres posés sur la table, une lettre passée sous la porte de la nuit qui va vers la fontaine qui, triste, ressemble à un cristal entouré de pierres précieuses

j'aurais aimé écrire Soie de mémoire, son nom, sa langue incandescente près des prés et des saules pleureurs

il s'agit ici de *quelque chose* qui ne m'appartient pas, que je ne reconnais pas non plus, qui vient de je ne sais où ; Soie, *Florence* ; le jour, en moi, tombé

la fragilité de la peau

Soie ne dit pas *Florence* emmurée ; éraflée, elle franchit une éternité qui n'est pas sienne, qu'elle n'entrevoit pas ; elle marche jusqu'à n'en plus pouvoir ; ce qu'elle entend la ramène à ce qui s'est passé réellement

ils croisent sur leur route des îles inventées. ils caressent des rives, entre les broussailles et les perdrix, ils ne se chassent pas d'eux-mêmes pour aller au plus loin afin de trouver l'insaisissable. ils s'appuient les uns contre les autres

dans cet interstice entre ce qui a déjà été et qui est, entre ce que j'ai été et devine être

Soie ouvre les cuisses, n'est plus une, ni plusieurs, son sexe gonflé ; elle se prolonge en gémissements ; *Florence* marche, déguisée, voûtée quand, sur sa langue, elle goûte le sel avant de poser sur ses lèvres

l'empreinte de l'abrupte

cette blancheur, éblouie par le bleuté, jusqu'à plus loin, le langage, jusqu'à tomber, je m'échappe, m'étends, léchée par les chiens

les doigts lissent quelques fils, atteignent les tempes, le cœur bat au rythme du chagrin *comme* les différentes couches de peau

je n'ai aucune histoire en août perdu

ils ne savent pas, ne se reconnaissent pas, le vide en eux. ne parlent pas, imprégnés de ce vide où, ils se mesurent à la mort; décalée. ils recommencent le monde – visages impénétrables parfois, ils sont si près qu'ils traînent avec eux

la tête offerte à la brûlure du vent; ce mot, toujours le même, lancinant, un *doux-mal* qui ouvre la bouche avant que le bleu du ciel de septembre ne se jette sur moi, fulgurant

le côté ensoleillé de la raison

déchirée, j'inverse la fin en origine : *cela suffit* dit Soie

rien, juste *rien*

ils ne savent pas où ils vont, ni comment s'orienter. ils se perdent le long de la route. étranglés par elle. s'éloignent. tentent de se protéger, leur peur à demeure. avant que tout ne se dissipe, de la poitrine à l'âme. ils fraient avec l'insupportable

les voyelles et les consonnes, une page, une phrase, une lettre ; tous les siècles, tous ; quand une pensée circule couleur pierre

une main sur ma nuque, une bouche autour de la mienne, ce qui m'ouvre à l'infini, suis un sexe invaginé que l'on enveloppe et pénètre et ramène à

vous

qui est Soie quand *Florence* se regarde dans le fleuve qui se jette lui-même à la mer ?

dans la chambre, s'est donnée la féminité

ils vont par le Sentier des Pas perdus, s'avancent avec précaution afin de ne pas tomber, happés par le miraculeux. boivent l'air parce qu'il n'y a que l'air. affrontent les diables. continuent, se relèvent. l'espoir, le désir plutôt, oui, le désir. leurs mains à la neige, ils se parlent, lèvres closes

ne dirai que ce don qui m'aura été fait cette nuit-là

la couleur du monde ; j'écoute le silence des bêtes, dans cette nuit femme, effacée, les cheveux trempés

je ne tais rien, ne tiens *rien* : *je suis une femme* dit Soie, *atteinte d'absence, j'avance dans l'histoire à pas de loup, devant l'imprévisible*

j'habite un présent parallèle

indolente, à l'affluent, je vérifie l'heure inchangée, sans identité, je descends sur le quai, quand elle murmure, *je ne sens qu'avec le corps de Florence* ne pense à elle qu'en me demandant comment elle fait pour continuer, offerte, prise à la fois, à broder des initiales inconnues sur des voiles

une colère qui n'a pas de forme

humiliée

je porte cette honte

contemple mon propre reflet *comme* si j'étais à moi-même étrangère

neutres, les uns devant les autres, maladroits. ils se taisent et parlent dans un même mouvement; ils pourraient être du Nord comme du Sud ou de l'Est et de l'Ouest. de toutes les langues sauf celle qui sait ce mot que nul ne prononce. on dirait un jeu. ce ne l'est pas

je ne mange pas; je n'ouvre pas la bouche

fuis ce qui a été

aujourd'hui, pas de jour

l'heure

d'allumer

les enfants sortent tôt de l'école, leurs cris de joie emplissent cette fin du jour : les mères épuisées, plus exténuées qu'au matin

craintives, *comme* méfiantes

quand donc cela finira-t-il ?

cette détresse

ils se devinent, entrelacés

légers

des pierres dans les poches, des cailloux dans les joues, l'âge sur mon visage

ne nomme pas ce qui reste

de la rencontre d'avec le repentir

assommée, ne le contourne pas, s'infiltre en moi ; ne sais ni de quoi ni pourquoi je suis ainsi, *cette autre à moi-même*

traduis des années inégales en mois

écrire *comme* le temps frémissant

alanguie le regard errant sur des photos en noir et blanc

est-il si évident que cette histoire soit la mienne ?

une porte que je ne peux ouvrir

cela suffit, dit Soie

cela n'était pas assez, l'heure enroulée au chaos ; Soie ne demande rien sinon d'être

épargnée

tout peut arriver, le regard de *Personne,* le regard d'un homme pour une femme, la couleur argent sur elle, le début de l'ivresse à midi pendant que je cherche des pierres pures, le grenat, l'ambre

il est toujours l'heure quelque part d'être nue sous des draps de lin

quand aujourd'hui est un jour écroulé

Soie dit *je touche à l'absent, palpable entre mes doigts*

impitoyable

au-delà du regard, de la parole, de la caresse de la parole. ils ne voient pas les barbelés autour de leurs yeux cloutés

Purcell, *comme si c'était la première fois* le chemin de la musique en Soie, dans sa gorge ; sur la langue ; pour rire, elle résiste, reconnaît la nécessité de l'étourdissement, soucieuse d'être à l'affût de ce *lieu* en elle, où *Personne* n'est allé, pas même elle

ce lieu déconcertant de cicatrices

mes hanches se reposent du désordre des tiroirs défaits, des vêtements au sale, de la vaisselle amoncelée, cet intenable de la vie quotidienne ; pour se reposer des hurlements, ceux du père, de la mère, du fils, de la fille, du chien, du chat, des louves, du désastre des histoires, des morts, des fugues et des pertes, des horreurs de la haine, de la colère, des coups, des mensonges, des trahisons, des terrains minés

crains le pire et voudrais me réclamer du présent

Soie tente de se confondre au gris du fleuve de juillet ; elle, minuscule, grimpe sur des lettres qui gonflent et gonflent avant de parvenir au cœur au Chemin des Gnomes, des Elfes et au Bois Des Fées

ce chemin d'enfances en elle

je marche la mélancolie, les géographies sacrifiées ; je préfère ce mot, *mélancolie* ; vais aux arbres, cueille un tronc, caresse ses cavités, embrasse l'écorce, la lèche, m'écorche la langue, continue ; insiste dans les creux, parcours de la main, ferme les yeux, écoute son pouls ; reprends ; contourne, ne me tais pas, crie, ses aspérités, sa rudesse, la fragilité de sa chair entre l'écorce et l'arbre ; écris *corps*, reviens plus haut, des branches dans mes cheveux, sur mes seins, les mamelons durcis, la peau de l'arbre autour ; dedans

du mieux que je le peux

me surprends à espérer le vol des oies qui écrivent sur la pierre : fouissent la terre de leur bec pour y trouver des lettres germées ; ce sont elles que Soie donne à *Florence*, son visage tourné

la couleur de l'eau en moi

ils ne sont plus au monde. plus de ce monde, au croisement du jour et de la grande nuit tombée dans le jour. ils accueillent l'absence des choses du visible et la naissance de l'évanescent. du disparu. ils proposent des échanges baroques

la fraîcheur du fond de l'air et les jeux des enfants dans la ruelle ; il s'agit de peu, d'une faille dans la dalle du jardin pour que tout soit là ; le laineux du ciel, ce soir de janvier en septembre *comme si* la Toussaint

le pas lent de cette longue marche nocturne

je connais l'inquiétude de la pluie

ils ne sont pas écrits. ne le doivent pas. flottent. ne s'égarent pas. avalés. étouffés. il y en a peu, quelques uns, trop nombreux

un de ceux-là

comme une vague, un embâcle m'est entré dedans, m'étrangle, s'enracine ; ne peux ni le prononcer ni le dire, le crains

les cloches de l'église sonnent l'heure

cela aura raison de moi

incertains, ils vont jusqu'à elle, s'y abandonnent. n'iront d'ailleurs qu'à elle. que vers elle : dans l'aube. ils respirent

Soie témoigne de ce qui en elle demeure souterrain ; elle reste l'hiver en juin et cache ses éclaboussures indélébiles, écran d'encre sur les rosiers ; elle entend ce qui la reconstruit – se surprend à sourire, ses yeux brûlés

il y a tant d'urgence que le désir devient un nom

j'aurais aimé écrire Soie de mémoire de femme et *Florence*

je parle chat, chien, j'écris chatte et chienne ; reconnais le péril

l'étranger en soi

qui dit, à voix haute, qu'exprimer *quelque chose* pourrait lui conserver sa forme première, enlever ce qui crée l'épouvante ; exprimer *quelque chose* des fragments désordonnés de souvenirs, épisodes antérieurs laissés sur la plage

des pas invisibles

déposées sur mes reins, des paroles étincelantes, couleur gouttes d'eau ; Soie parle une langue inconnue agenouillée devant l'éternelle fatigue et les frissons du sol

s'étire dans l'air

ils iront jusqu'à l'été

en défaut d'existence, je m'avance sur les glaces, la vie en prime

dehors, dedans le froid ; entre les doigts, une vie ; au vent, l'odeur agriffée ; vers l'intraduisible, incapable d'aller plus loin, je reste les épaules basses, le dos arrondi, je suis *ce mot*

je ne crois pas savoir m'épargner

Soie s'accroche aux algues, craint les vautours qui se croisent au-dessus de la mer pendant qu'elle reste derrière les vêtements de *Florence*, devant

dans la fatigue de leur cœur à porter leur corps, ils poursuivent l'insaisissable. s'engagent. entendent la lumière. tiennent d'un enfant perdu ses ténèbres. célèbrent l'écho dans le jaune, le mauve

le vent

glissée parmi eux. dans les bois, cette ombre tenue par les pieds, bracelets aux chevilles, tatouages au dos, au ventre. ils se sont tus, ont cessé de respirer, l'air envahi, la voix des arbres. des passants égarés longent des murs

vient un moment où tout est embrouillé, le temps mêlé à la transparence des voyelles, à la délicatesse des consonnes et au singulier des syllabes ; c'est d'instinct que *je est* ces formes simples ; que j'écris le calendrier des jours dérivés quand vient de loin, de très loin, de là où il n'y a pas de chemin, mais l'idée d'un chemin que l'on emprunte de dos ou de côté, c'est selon

de profil

Soie résiste, c'est ce qu'elle sait faire, *survivre* ; captive de sa mémoire, traquée par elle, elle pressent ce qu'elle voudrait masquer, ne conçoit plus ni la fuite, ni la honte ; dit *je suis à la fois la fuite et la honte*, retenue

paniquée

la mémoire est étrange, indéfinissable, elle trie les souvenirs, les classe selon un singulier arrangement ; les uns tourmentent, les autres font simplement rire ou sourire, tous gênent, autant pour ce qu'ils sont que ce pour qu'ils signifient

je ne sais d'où m'est venue cette déchirure, *elle est là*, reste là ; je ne me souviens pas de la date, mais du jour, de l'heure, du mois et du temps arrêté ; faire des recherches, vérifier au planning, je ne le fais pas ; me fie à cette fêlure

un soir d'octobre ou peut-être un après-midi

une heure éternelle

des femmes, sur leurs talons hauts, dissimulent leur gorge avec élégance; ces êtres troublants bousculent la ville dans sa blancheur, quand une grande chaleur descend, s'accroche sous les jupes, enveloppe les cuisses, la toison du bas-ventre

ils voulaient voir. voir les paupières trembler, la bouche s'ouvrir, gonflée, voir le velours de la peau. voir ce qui s'accomplit avant la pensée. voir le jour se lever dans le jour. oui, voir comment le jour malgré le sommeil ou dans le sommeil, voir, vraiment voir d'où le jour se lève

l'armée intérieure

sous les ongles, des rainures d'encre touchent aux après-midi dans le verger, ceux des jours ronds, rires d'avant le chaos

indomptée, je cherche l'univers

Florence apprend Soie, s'en tient à ce savoir singulier; tait un accident personnel, le baiser dans le cou, baiser tendre et violent, avec la langue et les dents dans l'odeur de la nuit

j'attends tout

cela ne peut provenir que de là, de ce trou d'existence, de la démesure de la mémoire de la douleur ; *je suis une femme* qui confesse ce qu'elle ne cache plus

reconnais ma dispersion

une vie échouée sur les rives de l'Atlantique

puis les vagues, le craquement des arbres et collée à leur écorce, Soie ; *Florence*, et ses mots fées dans le Chemin des Elfes

ils sont entrés. se servent à boire, à manger. ouvrent les armoires, les placards, les portes, touchent aux murs, prennent les livres, des couvertures – essaient les lits, referment les fenêtres. s'installent

la mer au regard bleu, bleu-gris, les lèvres de la montagne

et le monde des âmes errantes

dans cette différence, séparés. l'océan en eux. ils se reconnaissent l'un grâce à l'autre, les uns pour les autres, au lieu même de cette partition qui porte le nom de désert. ils ne diffèrent en cela de

Personne

la lassitude des fins d'après-midi d'octobre, le grésil de novembre, cette langueur *comme* l'attente, recroquevillée sur elle-même, le corps de Dieu consacré ; dans aujourd'hui, les jours, les nuits, ce qui ne doit pas s'écrire ; *j'aimerais,* je dis que *j'aimerais* et tout entre en moi, de l'absence ou du manque ou de la perte ou de la colère ; le mot *corps* paraît prendre son sens dans le déplié de l'âme, enveloppe glissée sous des draps de laine

Soie dans les pas de *Florence*, dans le tissu de *Florence* ; respire l'air, ses lèvres éclatent de lumière

l'odeur du souffle

que l'odeur du souffle

il n'y a pas de mot pour taire cette ombre

vous êtes là, les mains sur les genoux
pendant que j'espère

peupler l'incommensurable, votre étreinte, vos bras fléchis, vos jambes, votre souffle court

non

je n'en parlerai pas

ne sais plus qui vous êtes, ni si je suis

un roselin s'est envolé ; je suis partie avec lui

cette rondeur muette ; quelle histoire habitent-ils ? sur quelle poitrine de femme posent-ils leurs désirs ? quelle offrande présentent-ils aux dieux des montagnes afin que ces femmes leur soient indéfiniment horizon ? quand avec chacune, ils ne prononcent aucun mot

la lettre est devenue l'unité de mesure lumineuse de la *Miséricorde*, beauté hyaline du givre

fragilité des sources de l'intime, vie du cœur

l'autre langue

Personne

samedi ne s'est pas trouvé, ni hier, ni demain, mais lié aux rumeurs des lettres ; c'est au fleuve que je m'adresse et devant lui, se déplient des murmures clairs

j'écris le mot *arbre* pour *amour*

supplicié

autour, la couleur ; Soie

l'ordre du monde change

il neige en août pendant que Soie s'échappe de

rudes, ils se heurtent aux parois instables de la mémoire

dire ce que je retiens en moi d'emprisonné, d'enserré ; ce qui a pris tout l'espace, s'est attaqué au temps et avec lui, la vague plus violente encore que

imprononçable ce que je ne peux écrire ; qui rôde de jour *comme* de nuit, qui vagabonde de ruelle en rue, de venelle en boulevard ; qui entre ici et là, partout chez lui, partout s'installe, tantôt secrètement, tantôt furieusement ; qui loge dans les interstices des artères et des veines, sillonne la peau, s'infiltre par la bouche, fait frémir le sexe ; qui s'incruste et s'enracine et qui parle de misère *comme* de tourmente, sans gêne ni excuse ; qui ne connaît ni la grâce ni le pardon ; qui fonce et affronte, guerrier et victime à la fois

qui n'hésite pas à tuer

pour tout révéler, ce livre aura pris forme autour d'un mot perdu ; pendant que *nous* sommes, *nous*, unis, un lundi soir, je veille sur ce livre blanc : soumise à une langue que je ne maîtrise pas, qui prolonge ses extrémités enroulées

Soie et *Florence* ne connaissent que deux saisons et l'une ne se souvient de

l'entrée dans la lumière, la porte ouverte, sur le seuil, près ; très près

dans la neige, en décembre, une femme sur une chaise longue, épuisée

ils prennent le temps comme il vient. devant le bleu acier, ils se demandent comment faire pour se donner. ils ne sont plus intacts et ce qui s'est passé les poursuit. ils apprennent à marcher, à vivre dans les courbures de la fatigue des cailloux

je ne parle pas : rongée, la force appuyée contre le vide

ils sont en guerre

le décoloré du jour

lisent les yeux fermés, une main tient le livre, le retient. contre le monde, ils tissent leur ouvrage. traversent ce pays-là pendant que vont

des histoires ravalées dans la gorge

marques inavouables dissimulées, muettes ou vertigineuses

insidieusement, entrée dans une nuit de pleine lune, une lettre aux vagues noires de la terreur devant la mort : *elle* ; avec peine, je gravis les murs érodés des noms endormis

Soie prend les mains de *Florence* ; présente à la mer les siennes ; devant elle, l'immensité, l'âme défigurée des glaces, ce passage étroit, impraticable, où s'engouffre le tumulte du vent ; aucune parole, aucune autre parole que celle vers Soie

la honte et la tristesse fossilisées sur le roc

ils tournent les pages d'un livre dissimulé

des feuilles sèchent jusqu'en mars

l'inflexion de la lumière, le bruit de l'air, des villes, des vêtements à sécher, l'attente patiente de qui donnera à manger ; au milieu de ce désert, un soleil vertical, une manière de respecter le temps

le mot *écoulement*

un minuscule jardin : un enfant hurle, deux enfants se crient des mots de tous les jours tissés, sépia – il n'y a que chasseurs et proies

noir le bleu du ciel en hiver ; mon cou : je m'égare absolument

accueille l'infini puisque le singulier l'emporte sur le pluriel

Florence dit à Soie *il faut se donner à la clarté ;* leurs doigts souhaitent la lenteur

ils marchent seuls. ne livrent aucune guerre. ne renoncent pas à l'horizon. assistent à la rencontre d'avec la mer, lui proposent le Livre des odeurs. le ciel se fend et disparaît. ils tranchent sur les rives, contre le sel et l'écume

mes mains aux oiseaux

ils attendent ne savent plus quoi, mais attendent. restent là, les yeux ouverts sur des univers insoupçonnés. sentir leur corps ou leur âme, ce qui revient au même

j'écris des lettres que je garde pour moi, que je cache avec celles jamais reçues, lettres *embrumées* ; je ne me reconnais pas ; *un voile sur les yeux, l'interminable route* dit Soie

Florence dans un soupir ; devant *elle* l'infini vertige ; l'interminable des fragments en écho, Soie reprend *Florence comme pour la première fois*, lui ouvre la porte, la laisse venir, touche sa chair, reconnaît le sexe qui ne lui ressemble pas, va plus loin, repère les lieux, devine que l'inattendu, l'inédit viendra si elle écoute

toutes les saisons cet automne

ils ne savent pas leur beauté. ne la reconnaissent pas. leur passé vit écrasé par l'en-dedans. au-dessus de lui, le mouvement ample des collections tressées

Soie a la bouche rose de *Florence* quand elle pose sa langue sur ses lèvres avant de la tourner dans sa bouche, la caresse si lentement qu'on ne s'en aperçoit pas, l'esprit engourdi ; se laisse prendre, dans le demi-sommeil, dans la moiteur de l'abandon, l'odeur des sueurs ; les genoux fléchissent ; le bras sous l'oreiller, la tête vers le mur, la juste mesure des songes, l'imperceptible tressaillement de ses doigts, tranquille dans la chambre ; elle reste là, sans savoir

ne peux rien donner puisque *je* n'ai rien

ne suis instruite de *Florence* que par ce que me dit Soie, la signature qu'elle montre, fière *comme une femme* endormie près des grands bassins

enfermée dans cet *en dedans* barbelé, monté sur pilotis, je regarde ce qui ne peut s'écrire, d'une certaine manière, inexistante il n'y a plus rien et ce *rien* m'habite terriblement *comme* un long et douloureux

Soie parle, c'est la voix de *Florence* que l'on entend dans celle de Soie, la même, pareillement, lieux gardés secrets impénétrés ; en elle, cendres, bois, fleuve et herbes finissent par faire

son corps, à *elle* désirante

la langueur d'automne, la voix de Soie dans celle de *Florence,* au bout d'elle-même, dit *que ce jour s'apaise et que ses feuilles débordent, qu'elles se transforment brûlantes, chuintantes, sourdes et sonores, qu'elles acclament l'intraduisible*

vertige

ce qui me reste

ne suis rassurée de

ils ne sont plus devant moi. disent une beauté délivrée, indémêlée. leur corps craque, fonce, se défonce, tolère la crise, les spasmes, se déplie devant celui qui troue, blesse, use, fait mouiller ou bander, celui qui ne vient pas. les faux-fuyants, les jeux absurdes, les mensonges, les feintes. les trahisons, les réconciliations, les complicités, les échanges, les tremblements et les soubresauts aussi vrais que le corps l'est. qui dit oui dans un cri, non dans le même hurlement quand tombe sa jouissance, que le ciel s'ouvre. le sang du féminin mêlé aux moissons et aux semailles dans le désert, à la neige, le printemps et les emblavures

cette traversée remplace *désormais*

ne suis jamais allée aussi loin, entourée de cette lueur où j'ai croisé cette ombre misérable puis, l'ai prise dans mes bras et *nous* avons écouté la lumière

je n'y arrive pas ; *je* suis là

Soie reste le temps qu'il faut, sans compter les heures

Florence à demeure

quand viendra ce temps, ils tanneront leurs peaux et iront, plus que nus, de la nudité même. quand viendra ce temps, inédit de hardiesse, peut-être, ce mot

j'aurais choisi ces pierres, pour leur secret et la joie venue avec

le murmure du tremblement ; parmi des signes, des parcelles d'âme

je marche l'*Amérique*

l'*Amérique comme* un océan, une digue

tout revient, remonte ; le premier geste a été de lever le poing, de regarder et d'entendre le brouillard ; voir et entendre l'aube et chercher dans cette singulière rencontre, des indices sur les fresques légèrement effacées, empreintes de traces qu'ensuite l'on grave dans sa mémoire, odeur du lait caillé, sur la peau, son glissement

suis-je dégagée de ces grandes mers ?

nous reprenons là où nous sommes

une langue étrange, incompréhensible, essentielle, pleine de sous-entendu, de redites, une langue de passé simple et de subjectif, qui permet de renoncer à ce que nous sommes

je suis Personne

comment cela peut-il être puisque vous n'êtes pas instruit de moi, ni de ce que j'éprouve ? sans savoir qui je suis, sans savoir d'où me vient *ce* désir

ne jamais dire de rester, ni de partir, ni de me prendre dans

nous n'éprouvons que le désir d'une langue minérale, évoquée par le souvenir afin de mettre à distance revenants et fantômes

Florence parle d'un songe, les rideaux fermés ; au présent, le sifflement de l'éternité, cet instant-là la ramène dans la pièce, un soir d'hiver ; au détour de la nuit, ma main qui tient ma main

notre main glacée

comme après un carnage

étonnés par cette étreinte qui les surprend. ils s'appliquent à toucher aux cicatrices. ne savent comment ils ont pu faire pour entrer dans le temps

d'avant

Soie se colle à *Florence*, de péril en péril, elle s'avance, Soie en *Florence* avec le risque de se briser contre l'insupportable *comme* si chaque mot allait révéler cet *en-bas*

de l'emmurement

l'inavouable entre les pages d'un cahier abandonné

avec humilité, j'écris que le mot *attente* s'est dissout

ils s'approchent

j'aurais aimé écrire Soie, liquide en quelque sorte, la taille nue, à cueillir des lettres lumineuses pour ensuite les donner au monde, éclaircies de grandes prairies au bord des chuchotements *ils sortent du monde des morts, lentement, effrayés par la vie qu'ils croisent, chancelants devant celle qui leur est offerte. ne savent pas. ne comprennent pas. laissent et ne retiennent rien, s'effacent sur le bord du fleuve*

sur des terres explosives, je baisse la tête ; pivote les épaules, gravis les pages *comme pour la première fois*

son corps, l'arc de son corps – les doigts de Soie, ceux de *Florence*, l'air, sa vie dans ce geste ; ses doigts ouverts, brisée, *comme*

on est juillet

le mot *neige* en décembre

le monde remue ; je ne sais plus ni si je vois ni s'il voit : je tâte la puissance de la nuit

la source déposée sur ses rives

la musique rencontre

l'absence *comme* la naissance du disparu, *cela n'est que le début*

qu'il emplisse mes yeux

suspendue

ils gravissent des pentes raides et tissent des instants désunifiés. la montagne ouverte. le chant assourdissant des cigales gelées. s'approchent des hommes, des femmes qui portent tant d'enfants que leur ventre s'est élargi. ils parcourent les blessures d'une route qu'ils ont construite. restaurent leur vie à mesure qu'ils avancent. marchent sur les dents, empruntent des vallées accrochées, coulent entre le moelleux du soleil. regardent devant, les yeux fermés

je crains l'indifférence – aimerais parvenir à la vérité, au désir d'être *mouvante*. le désarroi, la rancœur, la honte, la faim, la haine, l'hésitation, la feinte, le remord, la compassion

devant le miroir lisse d'une âme embusquée

Soie considère tout ce qui hurle en elle ; elle dit *la nuit vient avant la nuit en des saisons déployées ;* bruits de vieux films abîmés, trébuchent sur des chemins rocailleux

le livre de Soie et de *Florence* va dans tous les sens, les phrases se perdent, s'envolent dans le désordre ; *tout peut arriver*

l'aurore en pleine nuit, la vie par-delà la vie, chiffonnée

ses os

vivre, appeler les rescapées des neiges éternelles, traversée par Schumann, nourrie par la terre, je suis les fossés du haut de la côte au fleuve ; le verger, les pommiers morts, les troncs fendus par le milieu, les branches cassées, je vais à la source en mars

Personne ne m'apaise

que les turbulences arrachées au vent

un certain dimanche d'août, des retrouvailles inédites

cette idée de ne plus pouvoir avancer. de ne pas se remémorer. tomber. ce qui s'insinue en eux, ils ne l'entendent pas, se jettent la pierre, pris dans les fils d'une toile d'araignée, penchés vers le ciel. s'il faut qu'ils atteignent le vide pour que quelque chose vienne, alors ils sont prêts

de ce qui s'est séparé si violemment, ne reste plus que

son évocation

ils s'avancent vers un monde inconnu auquel ils n'entendent rien, ils vont sans savoir où ni comment vers des lieux d'inexistence. ils n'oublient ni ne se souviennent

je tutoie les étoiles en plein jour

tout cela est loin et si proche, si près que, parfois, j'oublie que du temps est passé ; je regarde ce jardin où les feuilles se mêlent à la terre, rouges, ocre, certaines tachées, froissées, déchirées par les passants ; ces feuilles me ramènent au présent : immobile, je crois que vous écoutez de la musique, peut-être en jouez-vous dans votre tête

ne le saurai

silencieux, vous n'avez pas bougé ; immobile, vous étiez là ; j'avais oublié ce que cela pouvait être que d'être *avec* vous ; je ne sais d'où vous venez ni comment vous avez fait pour entrer, vous l'avez fait

la chambre peinte jaune

Soie, son sexe humide et mystérieux

dans sa mémoire, les pas de *Florence,* errante

de son sein ouvert, elle tisse des lignes, crée l'infini

invente des transcriptions rompues

son reflet est si mince qu'elle n'a plus

que le souvenir d'une pierre d'écritures

ne sait pas que je m'avance, que j'en appelle à la mémoire

puisque

la fragilité du cœur dans la couleur du jour endormi,
le monde de la nuit en elle n'en finit pas d'aller

ils creusent toujours les mêmes choses, un peu plus avant à chaque fois et continuent de traduire cette image : nouée à la lumière, des paroles d'enfant dans le rire sauvage des hommes. le dos courbé par le vent, le ciel, la neige fondue, leur souffle retenu. ils laissent aller leur regard

je n'habite aucun lieu, reste des heures à regarder le temps

elle a déjà connu *ça,* cette chose-là, les sens alertés, la violence ; Soie s'en souvient *comme* s'il s'agissait d'une autre vie

par moments

elle remarque la couleur qui balaie tout

donnée

elle dit *je crois à la réincarnation et à la résurrection de l'âme, la complicité des corps, au mélange des chairs et des salives; à l'un et à l'autre en même temps au-dessus des lits, au baiser*

et nous croyons aux fugues et à l'habitude de laisser siffler l'air

je crois à

l'idée du vert, des empreintes des différentes nuances de vert, et quelque chose du large et de l'étrange étang d'où Soie émerge

déligotée

un temps figé auquel vous résistez
pour devenir l'ombre

celui-ci est si puissant que chacun
des mots que vous prononcez sont
de pierre et de peau – la mienne, de
cette heure, louve ; peut-être vous
revient la mémoire des choses, l'eau
par exemple, ou l'air entre les doigts,
autour du feu ; celle des montagnes
et du fleuve, des grands champs de
sapins, des glaces au chocolat ; celle
d'une balade à cheval au bord de la
mer

j'aurais aimé écrire Soie quand les mains de *Florence* s'ouvrent à la lumière, le souvenir que rien n'efface

l'amnésie est au centre de l'infini

l'errance immémoriale témoigne du passé

d'un passé allongé

abandonnée aux flots

irrépressiblement : j'appelle au secours

dans un murmure, dans un même cri, Soie, *Florence*

nous habitons une maison de verre

le sommeil ; indistincte, une rumeur océane

son nom, écrit au singulier, l'odeur de la neige : *son nom amour*

demande d'épousailles avant celle des fiançailles

chacune des lettres se répand, main posée sur une autre main laissée là, par hasard, moite

parle une écriture invisible sur les murs

seuls les anges voient

il n'y a ni désastre ni catastrophe, mais écriture de la catastrophe

la vie qui bat

le premier bruit est le halètement de la lumière sur le tranchant du siècle

devant elle, sur la table, des pommes qu'elle offre au ciel ; s'entend parler une langue qu'elle ne reconnaît pas, s'efforce de retenir les sons qui

s'envolent

revenue sans savoir pourquoi, ainsi réapparue, *Florence,* en moi ;

avec cette histoire, *elle* joue la mienne ; me fait prendre à ce jeu *comme*

l'espace entre *nous*

le regard dans le vide les yeux fermés ; la respiration régulière, le pouls

ne bouge pas : joue sa vie

tenace

ce matin, j'ai revu l'araignée du soir, l'ai reconnue à sa façon de marcher

car nous sommes brisées

peindre Soie, *Florence*, les mots de *Personne*, peindre cette lumière dorée dans les érables, le feuillage, suspendu

un monde à écouter

le jour pluvieux, inchangé

j'aurais aimé écrire le silence de Soie, elle qui n'a pas besoin de se taire pour ne pas parler, échouée au bord du jour

elle qui se glisse dans la pierre, par le vent emportée, donne à la cage de ses os des images endormies ; elle écrit *le printemps déchiré au jardin* son corps marque les semaines

ses initiales

chacun d'eux contient les autres, aucun ne s'achève. ils se précèdent les uns les autres dans des routes qui les conduisent au hasard. ils relient des lettres qui disent l'épuisement, loin des pas assurés et confiants des hommes, de l'autre, nomade, témoigne du passage du vivant

avant que ne se lève le jour, que tombe, la rosée, je vais, tsigane, écrire ce mot *blanche* à l'odeur de l'eau et celle de l'air, du cœur

ce mot *infamilière* enroulé à moi, parallèle à un monde déshabité

je parle la *consolation* d'une somnambule

au lieu délaissé de la langue fuient les crépuscules aux regards rubis

les nuits déchirées

j'ai remis ma robe, celle que je n'avais pas portée depuis

cette fois-là, je ne dirais rien non plus de cette robe et cela m'emplit de joie et de tristesse

longue et noire, soyeuse à l'intérieur, fendue sur les côtés, seyante puisqu'elle tient à la fois de la tunique et de la djellaba

une robe invisible

la poussière s'est levée, brume du printemps et crachin d'automne; *nous* étions là, dans cet aveuglement de l'ivresse, *nous* atteinte d'usure, ses os, ses cuisses

en moi la terre

attachée à l'idée de la terre

ils ont peur des mots alors ils en cherchent d'autres, mais cette peur leur fait en abandonner d'autres pour remplacer ceux qui appellent le monde du visible. leurs pas étouffés dans la langue

les yeux grands ouverts

mes doigts tracent sur la vitre des chemins qui mènent à la paupière bleuie : l'ellipse du regard

Soie refait les saisons de *Florence*, retient ce qui n'a pas été donné, le sexe introduit dans le sien, incandescent ; l'heure, toujours l'heure, lumière rapide qui va qui vient et renonce et remonte le long des cadrans solaires

comme jamais

il serait facile de vous absoudre ou de vous accuser, ce qui revient au même, convenez-en

quand certaines amours demeurent affligées de

étrange clarté qui participe à la fois de l'aveuglement du passé, d'un présent embrouillé et de l'avenir opaque ; l'illisible, nous cherchons l'illisible que nous tentons de préserver

empreintes

arriverons-nous à confondre les lueurs des univers entremêlés ?

là n'est pas la réponse, mais le début de la question

ils comptent les heures, le jour suspendu aux lèvres. une lettre étalée devant. ils touchent cet espace de la séparation du ciel et de la terre, de la terre et des eaux, des eaux et de l'air. ils pourraient être plusieurs en chacun

Florence lit *le bonheur est un chagrin qui se repose*

cherche l'écriture des lettres d'or sur les visages ; sous son linge de corps, elle bouge, vivante, surprise d'être

me promène

abîmée

des mots de guerre me heurtent ; je pense seule, pour moi seule ; tente par là de décrire l'intenable un peu plus chaque jour ; pour vivre, il faut retrouver la couleur bleu Annonciation, puis Épiphanie

que le souffle de l'ange

Florence tient le vent et Soie, dans ce vertige, s'accroche aux cils des songes multicolores

peut-être ont-ils les nerfs brûlés à vif et vont-ils prier ? ils n'épuisent ni le temps ni le jour, contournent la haire et y résistent, connaissant la peau de la folie et celle de la mort

dire le réel, s'approcher le plus possible d'une autre langue, des voyelles bleues, des consonnes rouges, et porter sur soi tous les alphabets ; je l'ai entendue et reconnue ; elle va, promesse du mot libéré, jaillie des cicatrices vers d'autres horizons

le désert ; marcher, bêtes épuisées, haletantes

ne peux être autrement

textures immortelles dans une journée de chaleur qui ne ressemble à aucune autre – qui ouvrent le monde sans le déchirer et qui portent le nom de l'inattendu

l'effervescence n'est pas parole de survivante

j'aurais aimé écrire Soie, ce mot, toujours le même, celui que j'espère ; il étincelle, ce mot épine ; j'avance sur des récits

en exil de moi-même depuis longtemps ; sur mes épaules, l'horizon de l'histoire : tout revient et les images défilent devant

je voudrais croire à une vie donnée, miraculée et irremplaçable où se perdre est la grande joie des Saints

Soie apparaît à *Florence* abandonnée à la page qui les mènera aux couloirs qui longent les livres

je cherche le contraire du mot *blessée*

sans détour, des lignes droites et des petits carreaux, le silence des femmes ignorantes, réfugiées dans leur monde, énigmes dans la terre des ancêtres

cette vie qui se poursuit

Soie aime

il y a tant de mots qui se sont tus qu'elle entend les plis du jour, une heure fixe ; elle ne sait taire ce qui se déroule devant

le monde du vivant et celui de la mort

dans sa tête, les heures et les événements se confondent au fil de l'emprisonnement

eux, ils volent aux autres les mots qu'ils ne connaissent pas et les lettres, les phrases portent des éclaircies inattendues

quand *Personne*

impossible de revenir vers vous et vous, vers moi ; il aurait fallu autre chose, une parole complice dans la ville de New York, Prague, Berlin, Alger, Montréal et Saint-Pétersbourg où vous êtes allé sans moi ; je cherche les traces des couloirs de lumière : je monte des escaliers mécaniques qui me permettent d'aller vers cette lumière ; n'y arrive pas ; je guette les signes, tire les cartes, interroge le pendule ; l'odeur d'un vêtement que vous avez porté ou une musique jouée maladroitement dans le métro, l'incessant retour de la mémoire ; ne vous souvenez de rien, ni de la vie, autour

on ne pourrait pas dire que vous avancez ; vous luttez, vous êtes de cette lutte ; je suis ce combat, ne saurais dire pourquoi ; nous ne sommes à l'abri d'aucun sentiment atteinte de vérité dans la respiration ; l'intact

une écriture qui tient de toute la vie

me suis perdue au mot *désir*

soyeuses, des phrases venues du large et de cette transparence de la chair appuyée, la marge, disparue

on les supplie de revenir, de se donner au savoir intérieur, de refaire les longs trajets entremêlés aux pluies d'avril et de novembre. de reprendre la vie là où elle a commencé, entre des eaux calmes et l'air. ils regardent derrière les nuages en mouvement autour, indifférents au gel. ils entendent celle qui leur indique un chemin vers la mer

tout contre moi, lundi, l'image de l'enfance

blessures

des fleurs et de l'encre pour que celles-ci, dans leur langue fleur, écrivent sur des pages et des pages

j'aurais aimé écrire Soie, dimanche

ce qui viendrait à la fois d'ailleurs et d'elle-même

ils descendent les escaliers étroits, marche après marche, avec précaution, comme s'ils risquaient de tomber et de se rompre les os. ils cherchent sur les plages du monde, les traces d'une terre en allée. leurs mains calligraphient d'invisibles lettres : ils ne les effacent pas, tentent d'y trouver un sens

les cahiers ouverts, la plume, les livres ; murée, ne sais écrire autre chose que la démence ; m'appuie au roc, aux replis des pierres, ne vois pas les failles du sol, mais celle de la nuit en moi, souffle lisse et continu

ne discerne pas les interstices des mots secrets

au milieu de la foule, le lieu de l'absence, Soie s'avance en *Florence* et ce n'est pas la première fois qu'elle goûte aux langues de feu ; elle dit encore et encore *je cherche l'écriture au bout du passage*

ses veines à fleur de peau dans l'exacte lumière de mars ; sous ses pieds, ce avec quoi elle renoue

la couleur du ciel a changé, les ombres se sont allongées, dans leur chambre poussent des violettes et depuis la fenêtre, ils entendent. ils ne voient pas, ils entendent. ne disent autre chose

fille, mère, amante, épouse de l'homme et folle de Dieu, veuve, je tais tous les autres noms

en moi l'hiver, le contraire du déluge

écriture jaillie de la source

j'arpente l'invisible

un passé congelé

un crépuscule cinglant; j'avais oublié, ou fait semblant d'oublier; je pioche ici et là un récit d'amour et de sang; un homme, une femme, dans une chambre, tiennent serré en eux leur désir, le retiennent au plus près et s'y abandonnent en même temps: des mots durs pour dire la fragilité de la vie qui vient à eux

c'est une écriture en guerre qui hurle; je touche aux lettres; de nouveau, le souvenir dans ma chair, plus jamais moi, *comme une*

je suis

ce n'était qu'un mot qui se tissait. ils attendaient l'aube de janvier. ils imaginaient le temps venant jusqu'à eux. cette complicité avec le temps quand ils posent un pied devant l'autre

en moi

j'ai mis des fleurs rouges dans un vase, puis l'ai placé sur la table avant de le fracasser contre le mur

n'ai pas ramassé les éclats, ni les fleurs, ni l'eau, ni les cailloux

l'idée de la matière, subtile entre la vue et le toucher, léger, très léger de l'air

Soie aligne les lettres devant elle, distraite, préoccupée par ce qui n'arrive à prendre forme ; il fallait certainement en arriver là, *à cette infranchissable frontière*

comme croire à la destinée des âmes et des êtres

Soie ne se souvient de rien du présent ; tente de recouvrer une histoire, une histoire qui n'est sans doute pas la sienne, qui l'est devenue à force de faire, de défaire et de refaire

précipitée dans un univers, ensorcelée par la solitude de *Florence*

ils additionnent des bouts de verre afin de donner à ce présent échappé une certaine couleur. sur cette route d'âmes errantes, ces âmes intimes, ils n'ont pas peur puisqu'ils connaissent la disparition. entre toutes les paroles, débordés par elles, ils heurtent des parois fragiles

j'accueille des mots étincelles, épines, et avance à travers les amours rudes ; Soie écrit ce mot, *initiale*, branches partagées de fleurs, racines liquides en elle

je bois le feu

le corps de Soie, lieu de tous les triangles, découvre une mémoire impossible avant que la nuit ne continue

au creux des mains

ils couvrent l'air de cendres et de braises, de couleurs et de lumière et de sources calcaires et ferreuses. lucides, ils traversent les nuages tavelés de rides. au maintenant des rêves, ils déchirent les grandes obscurités, emmurés

autour de la table, *eux* inanimés, une clef d'herbes. sur le sein droit, la cicatrice de la bouche ; qui mettra sur cette blessure sa main afin qu'elle cesse de saigner ? *vous ?*

la vie est simple écrit Soie

le gouffre, le chaos intérieur, le sexe doux, chaud ; le pas pesant, le souffle : me souviens de l'espace ponctué de pierres fondues dans les pierres

je cueille ce signe, ruisselante

Personne avec nous; c'est novembre, dimanche ou jeudi, un temps interrompu, par le vent arrêté; des doigts sur les lèvres, la langue et la salive : dans cette souffrance, dit-on, on découvre le bonheur

que tout soit autrement

autrement, nous avec *Personne*, le désir circule, qui va ici et là, en dedans; qui tremble d'être découvert et d'être pris et repris et toujours repris et les lettres, les phrases sur la peau, de chair et d'os

la chair et l'os, des mots de musées

j'aurais aimé écrire Soie illuminée, le nom des hommes en moi, mots de chats dégriffés; au seuil du sommeil, l'alphabet; lettre peinte sur les arbres paysages possibles et variations du chagrin, la main tendue au ciel

l'archéologie du désir

ils en appellent à la présence de l'eau et tentent de déchiffrer au fond du fleuve, des notes de lavande et de mimosas. eux, greffés à l'écho possible d'un lieu où séjournerait l'écriture

j'écarte les objets

au lointain caresses et baisers offerts

là, une enfant devenue femme

je vais au poème

ce qui va aux lèvres

pendant que le sable tombe, Soie cherche en *Florence* ce qui saurait décrire les gouttes de soleil sur la page

la légèreté se blottit dans les odeurs de la nuit

ne crains pas l'impossible, ne change pas de langue

une feuille et c'est novembre disloqué ; à l'écart des autres feuilles, elle vole avec lenteur ; en elle, toutes les autres

et, elle, distinctement, dit *que chaque mot porte en lui son silence* quelque chose de vous me trouble; d'abord nous n'étions nulle part, vous étiez là, homme, femme et enfant; c'était l'été, c'était Paris: c'était la cour d'école, le passage souterrain entre deux maisons: c'était la montagne; il y avait cette peur *froide*, les mots de la mort circulant par les cheminées, de bas en haut, la clef jetée par la fenêtre; les trapèzes tendus des épaules, l'impression de déjà-vu; quelqu'un à la porte, ni inconnu ni familier, les deux à la fois, quelqu'un sans visage; les cris d'enfants, l'affolement des mères et l'irascibilité des pères, la détresse du temps éclaté, l'absence de repères

vous étiez là, hors de vous-même, silencieux et imperturbable

c'était Montréal

ils habitent un corps neuf, sans chagrin ni blessure. suivent le chemin des oiseaux plutôt que d'attendre, ils se donnent à la vie

Soie ne saurait dire ce qui l'habite, elle, seule, dans l'ombre de *Florence*, ses mots viennent de si loin qu'ils tombent en elle, sexe dur

bleu

elle dit *prends-moi pendant que s'endorment les morts ravalés* ; elle reconnaît la nudité de sa chair, la couleur de l'air

entend pendant que *Florence*

suit son pas, sa voix, elle tourne dans sa bouche, sa langue ; elle dit *prends-moi et reprends-moi encore jusqu'à ne rien éteindre de moi*

l'hortensia et la quatre-saisons d'un arrière-pays

je veux une écriture qui parle d'amour et de la langue du vent, de l'odeur de la lumière sur le fleuve

oui, de l'amour, aujourd'hui puisque reviennent les paroles d'hier une immobile lézarde dans le ciel

un sizerin sur la mangeoire dans le hêtre; je m'arrête pour regarder la couleur kaki de l'oiseau

plus rien n'a d'importance, que cet oiseau et sa faim insaisissable; des tournesols au soleil; tout s'est arrêté et, s'est tu

lui seul désormais entre deux coups de bec

cet instant est le centre du monde, ce qui le prélude et l'achève, le moiré de son plumage, l'éclat de son regard

j'écris dans cet amour

on se croirait à l'été, *c'est novembre et tout recommence* avoue Soie

une hirondelle sur un fils, le chant des roses, au-dessus de sa tête, le vol des papillons sur les cuisses, des mains devant le noir d'un orage qui se prépare, l'odeur des fleurs et celle des foins, des vaches au matin

et la musique de Bach, toujours Bach qui vient et monte en moi pendant qu'autour,

j'aurais aimé écrire Soie les yeux fermés, du bout des doigts toucher le fleuve, ces vastes prairies enroulées autour des marées ; je la vois s'avancer, pudique et nue sur les terres d'argile, de glaise ; sous ses pieds, la chaleur de cette terre repliée devant les collines

ils sont cette terre, jusqu'à la grève, pour entendre

le désir fait frissonner sa chair, ses jambes ses cuisses, ses seins, *comme* abandonnée pour se rendre jusqu'à l'âme, puisque s'y trouve du plus loin, ce rythme sourd, cette pulsation dans son crâne

avant plus *rien*

à mon tour de trouver ma respiration, de fermer les yeux et de penser à *la* couleur effleurée de sauge – conserve le secret, ne le révélerai pas

nous irons ensemble à travers champs le déposer aux pieds des pommiers en fleurs ; ce sera le printemps et nous serons peut-être sortis de novembre ; vous aperçois, vois les peupliers, le noyer, le bouleau ; le potager et la route ; croise des visages connus, d'autres inconnus, imagine la douceur et l'humidité de leurs replis, de l'aine, des aisselles ; sens leur odeur, aigre ou sucrée du ventre que porte encore l'enfant naissant, celle des feuilles pourrissant, de l'herbe mouillée et du rayon de soleil, la lumière de ce rayon de soleil ; vois la lente et intenable tombée du jour, la ville grande ouverte dans laquelle je marche, vous figé, éparpillé en moi évanouie

devant, les aulnes

entassée sur elle-même, elle s'avance, ne cherche pas à savoir : sait qu'elle ne sait *rien,* qu'elle a perdu, et devant cette perte, elle ne fait *rien*

éraflée par les rosiers

hier est encore là aujourd'hui chuchote Soie

Soie relève cette écriture des grandes marées de *Florence*, les averses de l'été couleur jasmin

sous l'arbre de mon enfance, le fleuve s'enrubanne d'une lumière grise ; une feuille écrite à la main

autour des lèvres

ils se souviennent de lointaines caresses, de ces gestes. ils ont connu cette chose-là, alertés. ils s'en souviennent comme si c'était dans une autre vie, portée par le passage du temps. ils vont plus avant, et à chaque pas, continuent de traduire cette image: haletante

la vie ivre embrassée, vierge ressuscitée

j'aurais aimé écrire Soie dans le murmure de *Florence* pendant qu'elle attend près du puits; des pierres sous les pierres, le balbutiement des lettres invisibles et les veines ouvertes, ce mal étrange de ne pas m'habiter

ne sais dire autre chose, porte en moi l'enchâssé

dans tous les sens

les êtres en Soie étranglée; devant le mur, l'évidence physique, l'archéologie du désir; une tache d'encre, la sagesse du désespoir installé entre la peau et les os

je marche sur la pointe des pieds

elle s'amende

avec lenteur vers elle ne sait où : là où devrait être l'ouverture ; elle tremble devant les voyelles, les consonnes ; s'en enveloppe, au plus loin pour les reprendre encore, les mettre à son cou, à ses lèvres, les déposer sur

les enrouler autour de sa tête, ne fuit pas, ne craint rien, ni le poids, ni le ciel, se colore des sables enivrants du désert

dans le jour s'en allant

au bord des lèvres, l'écriture roule, pour rejoindre des ailleurs, des lieux enfouis ; je cueille des salicaires et des trèfles, des verges d'or et du blé sauvage, étourdie par le chant des hirondelles et celui des chardonnerets, celui de l'effraie dans le mois de juillet quand quelque chose me revient qui, toutes les nuits, me déshabille

un *seul mot* venu des horreurs de l'innomé

insufflée

je débute et finis à vous, pleine de tous ces liquides, le sexe profond ; étendue, touche à ce qui me vient de vous et s'insinue en moi,

le cœur aux rives des continents éloignés

aujourd'hui, se cache Soie, sait que *Florence* dans

ce qui ne peut plus s'attendre, ce qui ne se détache pas non plus du temps

des voies de traverses et son regard, tantôt bleu, tantôt vert, au-delà de l'horizon, qui devait la reconstruire ; elle noue les fils brisés de sa mémoire

escalade des branches de thym et les pommiers en fleurs, chorégraphie l'air

des ronces à mes chevilles

Soie dit *je voudrais donner cette splendeur rayonnante, immobile et entière, pour elle-même, elle existe et écrit l'intrigue du roman de l'Archange à l'Annonciation*

revient seule, avec une grande blessure qu'elle me cache et glisse, sans renoncer à la contemplation

une présence mélancolique

je cherche une écriture entre les livres voyageurs et les histoires silencieuses ; des couleurs réparent, j'écris ce qui glisse

vacille

parcours les couloirs pour retrouver le visage du mot *bonté*

malgré le vide, toute la place, les images tanguent ; je dresse la table des souvenirs mêlés, attachés aux racines ; je parle une langue que je ne comprends pas à pas d'heure, samedi, la peur est revenue, trafiquée, la peur *chienne*, indéfinissable, dans mon dos, sur mes épaules, vous, impassible, à peu de chose près, nous étions pareils

nous quelque part devant le spectacle des pleurs

ce qui s'écrit au présent, Soie regarde ce que Florence voit, un seul corps, *elle est une île,* dans la mélancolie de février et de décembre, elle porte au cou une pierre précieuse, va d'un lieu à l'autre, à l'ombre d'elle-même, dans des bras inconnus: *encore*

son *nom* propre est un espace de repos

plus grand que le monde

ils exposent leur sexe à quelque chose qui n'a pas encore d'existence, qui apparaîtrait enfin au grand jour et saurait voler. et ce sexe aurait aussi des veines, un cœur, une chair

à 13 heures, ma voix est tombée

le cri sculpté

ils touchent à leurs lèvres, posent sur elles du rouge, puis ouvrent la bouche, laissent passer l'air, ultimes griffures sur les murs

Soie tient un livre aveugle ; s'acharne à copier et recopier ce qui la déconstruit; dans cette défaite devant le monde, elle grave sur les pages des lilas blancs ; il ne s'agit pas d'une vague image, mais d'une empreinte acérée

je ne sais plus ce qu'elle annonce, blottie entre le lavoir et le puits ; *me suis abolie* dit-elle

cette nuit

Soie ou *Florence* se signe d'un alphabet passé qu'elle offre au vent

et la grâce

elle aspire à la verticalité

l'écriture de la terre, celle de l'eau, des vallées de cyprès, de frênes, et les murmures des passages

l'énigme des forêts

dans le jour à venir, la mémoire se perd à l'oublie ; la silhouette reste sur le mur, à travers la fenêtre ; viennent les nuages ; Soie reçoit l'humidité de l'heure ; autour d'elle, le mois de mars ne dit rien, ne s'appuie sur *Personne*

je tente de vivre

Florence arrive à Soie et touche des cils sa peau, erre jusqu'à Soie *comme* si de cette rencontre allaient monter tous les chants, va vers elle, pleine de mimosas, souple ; autour d'elle, les noms de Dieu et du Verbe apparaissent, sortis du gouffre, de *l'en-bas*

textures immortelles du temps présent, sauge, lavande, romarin, fleurs de bourrache, impatiens, tulipes, mauves, salicaires, rhododendrons

chaque fleur porte un nom qui n'a aucune

à la brunante, le serin ; le cœur s'ouvre aux chemins des sarcelles, les chardonnerets trouvent leur bonheur et les chiens et les chats

les enfants dans leurs rires peints de blanc, de vert et de bleu sur les surfaces tachées d'une histoire qui n'est commencée

lors de la tombée de cette nuit, heureusement sans pluie pour les foins fraîchement coupés, les mains se tournent vers l'évanescence qui s'est arrêtée ici

ici, ailleurs, je cherche non seulement l'écriture, mais aussi la vie – surtout la vie

la vie et uniquement l'écriture de l'amour

atteindre une langue que l'on ne soupçonne pas

Soir *comme Florence*

est revenue l'odeur; avec elle, la mémoire du sexe, celle des feuilles au jardin car il y eut un jardin, le rêve d'un petit jardin avec un pommier et un poirier, des rosiers et des framboisiers, des campanules et, un hortensia, bleu; nous nous y sommes assis, seuls et avec *Personne*, le jour et le soir, surtout en fin de journée au printemps, à l'hiver, ce jardin d'hiver, vous permettait d'y sauter depuis la terrasse, puisque vous avez été un enfant avant d'être *cet* homme; sauter, sauter et sauter jusqu'à ce que la fatigue vienne et, rouge de froid et de sueur, vous vous précipitiez, sauter, sauter, et sauter encore, entraînant à votre suite des rires bruyants; je me souviens très bien, même si l'image reste voilée, je vois, et j'entends vos cris de joie

oui, la joie, je suis en joie

Saint-Benoît-sur-mer et Saorge, les
30 juin et 3 août 2009

Autres titres parus
dans la collection « Écritures »

July Giguère	*rouge – presque noire*
David Jasmin Barrière	*L'Éléphant*
Kraxi	*Le premier abécédaire de David Kurzy*
Robert Laliberté	*Inventaire de succession*
Paul Chanel Malenfant	*Rue Daubenton*
Louise Marois	*, qui boit l'encre.*
Nathalie Stephens	*... s'arrête ? Je*
Michel van Schendel	*Il dit*

Cet ouvrage composé en Sabon corps 11 a été achevé d'imprimer au Québec
le seize octobre deux mille neuf sur papier Enviro 100 % recyclé
pour le compte des Éditions de l'Hexagone.